Imitar la naturaleza

Heather E. Schwartz

Autora contribuyente

Jennifer Lawson

Asesores

Gary Krupnick, Ph.D.
Departamento de Botánica
Ecologista y biólogo evolutivo
National Museum of Natural History

Sharon Banks
Maestra de tercer grado
Escuelas Públicas de Duncan

Créditos de publicación

Rachelle Cracchiolo, M.S.Ed., *Editora comercial*
Conni Medina, M.A.Ed., *Redactora jefa*
Diana Kenney, M.A.Ed., NBCT, *Directora de contenido*
Véronique Bos, *Directora creativa*
Robin Erickson, *Directora de arte*
Michelle Jovin, M.A., *Editora asociada*
Caroline Gasca, M.S.Ed., *Editora superior*
Mindy Duits, *Diseñadora gráfica superior*
Walter Mladina, *Investigador de fotografía*
Smithsonian Science Education Center

Créditos de imágenes: pág.11 CAIA IMAGE/Science Source; pág.16 (inferior)
Susumu Nishinaga/Science Source; págs.16–17 Jackie Huang, Maurice
Hampton, Bailey Beatt y Samantha Scheib con los profesores Andrew Scarpelli
y Heather Dewey-Hagborg; pág.18 zaferkizilkaya/Shutterstock.com; pág.20
NASA/JPL-Caltech; pág.23 (ambas) Eijiro Miyako; pág.25 Pascal Goetgheluck/
Science Source; pág.26 Kyodo/Newscom; todas las demás imágenes cortesía de
Shutterstock y/o iStock.

Todas las compañías, los sitios web y los productos mencionados en este libro
son marcas registradas de sus respectivos dueños o desarrolladores, y se usan
en este libro con fines estrictamente editoriales. El autor y el editor comercial
no reclaman ningún derecho comercial sobre su uso.

Teacher Created Materials

5301 Oceanus Drive
Huntington Beach, CA 92649-1030
www.tcmpub.com
ISBN 978-0-7439-2651-5
© 2020 Teacher Created Materials, Inc.
Printed in Malaysia
Thumbprints.25941

Contenido

Jugar con las plantas

¿Alguna vez has trepado a un árbol? ¿Has usado un palo para dibujar en la tierra? ¿Has soplado la pelusa de un diente de león? Si la respuesta es sí, sabes pensar como un **ingeniero**. Sabes usar las plantas de formas nuevas y diferentes. Un árbol puede ser una estructura para trepar. Un palo se convierte en la herramienta de un artista. Y un diente de león puede ser una nueva clase de juguete.

Los ingenieros también se inspiran en la naturaleza. Cuando los ingenieros trabajan para mejorar el mundo, a menudo estudian las plantas en busca de ideas. Los inventos que se les ocurren pueden sorprenderte.

Lo verde es vida

Las plantas y las personas tienen más cosas en común de las que te imaginas. Al igual que el ser humano, las plantas necesitan alimento y agua para sobrevivir. Además, los dos necesitan aire limpio y luz solar. Pero las plantas necesitan una cosa más que las diferencia de las personas. Necesitan un suelo saludable.

Cuando las plantas tienen todo lo que necesitan, pueden crecer. Usan las raíces para tomar **nutrientes** y agua del suelo que las rodea. Usan la luz solar para crear su alimento.

Partes de una planta

Las flores hacen semillas para que puedan crecer plantas nuevas.

Las hojas captan la luz solar para ayudar a la planta a hacer alimento.

Los tallos llevan agua y alimento por toda la planta.

Las raíces ayudan a la planta a tomar agua y nutrientes.

En cierto sentido, las personas necesitan un suelo saludable tanto como las plantas. Eso es porque necesitamos las plantas para sobrevivir. Las plantas son mucho más que algo bonito. Nos dan alimento, sombra y refugio. Las plantas mueven y limpian el agua de la Tierra. También hacen el aire que respiramos. Además, algunas plantas pueden usarse para tratar enfermedades.

Ciencias

Una cura creativa

¿Una planta puede curar a las personas? Los científicos creen que sí. La escutelaria china (una hierba) puede eliminar algunos tipos de **cáncer** humano. Los científicos están estudiando la planta. Esperan crear medicamentos que logren lo mismo.

Los techos de pasto mantienen las casas calentitas en invierno y frescas en verano.

Una imagen familiar

Mira a tu alrededor. ¿Ves alguna planta? Quizá veas árboles por la ventana. Puede que veas pasto en el suelo. Tal vez tengas una planta con flores en una maceta junto a la ventana.

Algunos ingenieros se inspiran cuando ven plantas. Estudian cómo funcionan. A menudo copian plantas para crear inventos. A eso se le llama **biomimetismo**.

Estamos rodeados de inventos que nacieron del biomimetismo. Quizá tú uses alguno de esos inventos.

el tren japonés Shinkansen

Unos ingenieros diseñaron un tren más silencioso copiando la forma de la cabeza y el pico del martín pescador.

Esta tela basada en las piñas de los pinos ayuda a la gente a mantenerse abrigada cuando hace frío y fresca cuando hace calor.

Inspirado en los abrojos

El Velcro® es un invento que viene directamente de la naturaleza. Tal vez tú uses velcro.

Todo empezó cuando un ingeniero suizo, George de Mestral, salió a pasear con su perro. Después de un rato, vio que unos **abrojos** se habían pegado en el pelo del perro. Los miró de cerca. Las puntas de los abrojos tenían ganchitos. Los ganchitos se sujetaban al pelo del perro. Ese diseño natural le dio una idea.

De Mestral creó un producto que funciona de la misma manera. Una parte está hecha de ganchos. La otra, de lazos. Ese producto ahora se conoce como velcro.

Los abrojos de la bardana tienen ganchitos en la punta de las espinas.

Esta imagen en primer plano muestra los ganchos y los lazos del velcro.

Un cuidador ajusta con velcro la correa del protector de cascos de un caballo.

Inspirado en la hoja de loto

Puede que hayas visto edificios con paneles solares. Pero los paneles no funcionan bien si se ensucian. Los ingenieros resolvieron este problema observando la naturaleza. Estudiaron las hojas de loto. Se dieron cuenta de que el agua resbala por las hojas. El agua arrastra el polvo. Entonces, los ingenieros crearon un **revestimiento** como el de las hojas de loto para mantener limpios los paneles solares.

Las hojas se pueden usar para mucho más que para mantener la limpieza. Una ingeniera británica llamada Wanda Lewis está estudiando las hojas. Sabe que son muy resistentes en los climas extremos. Cree que puede usarlas para hacer puentes más resistentes.

Arte

Pasar la prueba

Lewis observó que las hojas tienen formas naturales que se curvan solas. Congeló un trozo de tela con esa forma. Luego, la usó para hacer el modelo de un puente. El puente resistió cuando le colocaron peso encima. Eso demostró que las formas naturales son resistentes.

Las hojas y las flores de loto permanecen limpias, incluso en agua sucia.

Este panel solar revestido permanece limpio en distintos estados del tiempo.

Pensar más allá

La gente usa plantas para resolver problemas muy graves. Por ejemplo, la **sequía** es común en algunas zonas. Cuando no hay suficiente lluvia, las plantas mueren. Eso lleva a una falta de alimentos.

Un grupo de estudiantes de la Escuela del Instituto de Arte de Chicago trabajaron para resolver este problema. Estudiaron los cactus. Algunos cactus pueden captar agua de la niebla y almacenarla. Los estudiantes crearon un producto que puede hacer lo mismo. Puede ayudar a llevar agua a las zonas secas.

Las espinas del nopal captan agua de la niebla.

Los estudiantes crearon este producto que capta agua de la niebla y la almacena.

Es difícil hallar agua durante una sequía. Para aprovechar el agua que te sobra, puedes dársela a las plantas en vez de tirarla en el drenaje.

Bajo el mar

Los ingenieros no solo buscan ideas en tierra firme. Algunos también buscan en el océano. Unos científicos de Gales descubrieron un alga marina especial. Esa alga impide que las **bacterias** causen una enfermedad llamada cólera. Pero no mata a las bacterias.

Algunos tratamientos matan a las bacterias para impedir que causen enfermedades. Cuando eso ocurre, las enfermedades cambian. Pueden volverse resistentes. Los tratamientos dejan de funcionar. Los científicos quieren usar lo que han aprendido de esta planta. Esperan poder encontrar nuevas formas de luchar contra las enfermedades sin matar a las bacterias.

El científico Forest Rohwer toma muestras de agua del océano para estudiar las bacterias submarinas.

granja de algas marinas en Tanzania

Las bacterias que provocan el cólera suelen vivir en los alimentos y el agua sucios.

En el espacio

Las plantas no solo ayudan a la vida en la Tierra: también sirven más allá de la Tierra. Los científicos quieren aprender más sobre el espacio. Pero tomar fotografías en el espacio puede ser difícil. El Sol y las estrellas dan mucha luz, que puede arruinar las imágenes.

Unos ingenieros diseñaron un dispositivo llamado sombrilla estelar para ayudar a resolver ese problema. La sombrilla estelar tiene forma de girasol. Si se la construye, volaría frente a las cámaras en el espacio. El dispositivo bloquearía la luz del Sol y de las estrellas. La sombrilla estelar usaría sus pétalos para crear sombra. Eso ayudaría a tomar fotografías en el espacio sin tanto brillo molesto.

La sombrilla estelar se separa de la nave y empieza a abrir sus pétalos.

La sombrilla estelar bloquea la luz del Sol y de las estrellas.

La cámara de un telescopio toma fotografías en el espacio.

21

Ayudarse unos a otros

Las plantas ayudan mucho al mundo. Pero la gente también ayuda a las plantas. Podemos ayudarlas a crecer y a estar saludables. Por ejemplo, las flores usan polen para hacer plantas nuevas. El viento, los insectos y los animales llevan el polen de un lado a otro. Eso se llama **polinización**. Pero ¿qué pasa cuando la naturaleza no puede hacer el trabajo por sí sola?

Los ingenieros han encontrado maneras en que la gente puede ayudar. La gente puede mover el polen a mano. También pueden usar máquinas que soplan polen sobre los cultivos. Ese proceso se llama polinización **artificial**. Es una forma de asegurarse de que crezcan plantas nuevas.

El polen sale de una flor.

El polinizador lleva el polen.

El polen llega a otra flor.

Polinización

Esta máquina está polinizando una flor.

Estos pelos pequeños (como los de una abeja) atrapan y retienen el polen.

Tecnología e ingeniería

Robots al rescate

Muchos tipos de abejas han empezado a morir en los últimos años. Ese es un problema grave. Las plantas necesitan a las abejas para esparcir el polen. Entonces, un investigador llamado Eijiro Miyako decidió ayudar. Miyako creó unas máquinas diminutas que funcionan a control remoto. Las máquinas pueden volar y polinizar las plantas en lugar de las abejas.

Los ingenieros ayudan a las plantas de otras maneras. A menudo, hacen modelos de plantas en computadoras. Usan los modelos para aprender más sobre las plantas reales. Pueden probar cosas nuevas sin dañar a las plantas reales. Después, pueden enseñar a la gente a cuidar sus plantas.

Los ingenieros han salvado muchas plantas con estos modelos. Por ejemplo, han descubierto que si a las rosas se les aplica electricidad pueden dejar de florecer. Eso salvaría a muchas plantas cuando hace demasiado calor o frío para que crezcan. Entonces, en la época justa, los ingenieros podrían dejar de enviar electricidad a las plantas. Las plantas podrían florecer y crecer de forma segura.

Los modelos computarizados hacen que sea más fácil para los ingenieros estudiar las plantas.

Este campo de maíz se probó con un modelo computarizado antes de sembrarlo.

Matemáticas

Hacer modelos

Las plantas reales pueden tardar semanas en crecer. Los ingenieros pueden crear modelos computarizados en segundos. Usan datos de plantas reales para crear los modelos. Por ejemplo, miden la altura de las plantas y el tamaño de sus hojas. Así, los modelos son lo más parecidos posible a las plantas reales.

Socios con las plantas

Las personas y las plantas trabajan bien juntas. Podemos ayudar a las plantas a crecer y a estar saludables. Y las plantas pueden hacer lo mismo por nosotros. Podemos encontrar nuevas maneras de usar las plantas. Las plantas pueden inspirar a los ingenieros y a quienes tengan una mente creativa.

Los inventos basados en la naturaleza nos ayudan. Tenemos una relación con las plantas que crece todo el tiempo. Y, a medida que la relación crece, los ingenieros pueden mejorar el mundo, tanto para las personas como para las plantas.

El ingeniero Masaki Otsuka se inspiró en las alas de las mariposas para diseñar este ventilador.

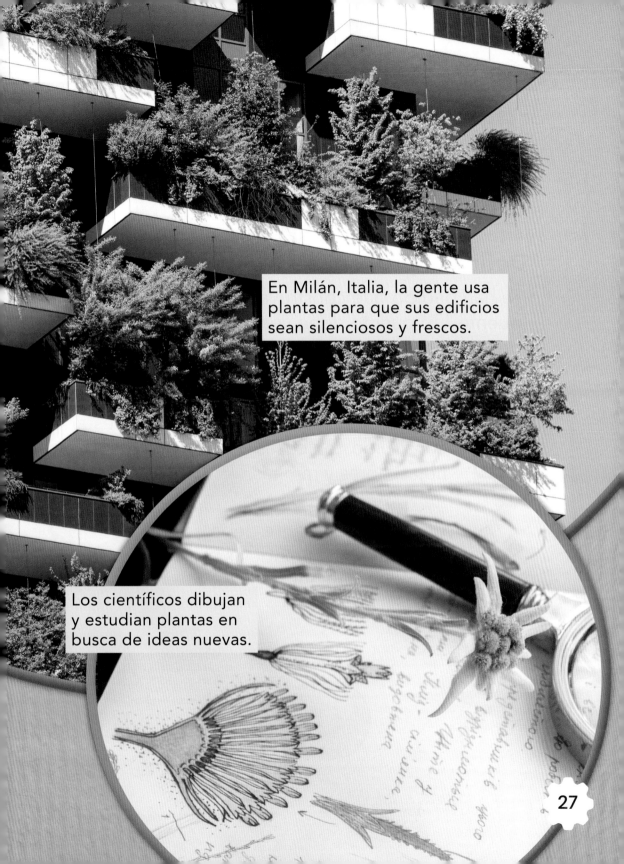

En Milán, Italia, la gente usa plantas para que sus edificios sean silenciosos y frescos.

Los científicos dibujan y estudian plantas en busca de ideas nuevas.

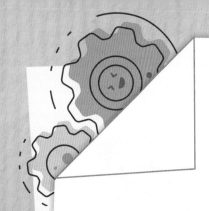

DESAFÍO DE CTIAM

Define el problema

Te han pedido que construyas el modelo de un puente. Tu puente debe verse o actuar como algo de la naturaleza. Debe poder mantenerse en pie sin ayuda y soportar peso.

 Limitaciones: Tu puente solo puede estar construido con cosas de la naturaleza, como hojas, flores y ramitas.

 Criterios: Tu puente debe soportar cinco arandelas durante un minuto.

Investiga y piensa ideas

¿Qué es el biomimetismo? ¿De qué manera la naturaleza ha inspirado ideas nuevas? ¿Qué objetos naturales podrían hacer que tu puente tenga la fuerza suficiente para soportar peso?

Diseña y construye

Bosqueja el diseño de tu puente. ¿Qué propósito cumple cada parte? ¿Cuáles son los materiales que mejor funcionarán? Construye el modelo.

Prueba y mejora

Coloca cinco arandelas en cualquier parte de tu puente. Déjalas durante un minuto. ¿Tu puente funcionó? ¿Cómo puedes mejorarlo? Modifica tu diseño y vuelve a intentarlo.

Reflexiona y comparte

¿Cuáles fueron los materiales más resistentes? ¿Qué puedes agregarle a tu puente para que funcione mejor? ¿Cómo cambiarías tu diseño si tuviera que ser resistente al agua?

Glosario

abrojos: cubiertas duras de semillas o frutos que suelen tener ganchos pequeños

artificial: creada o causada por las personas

bacterias: seres vivos diminutos que pueden causar enfermedades

biomimetismo: el diseño y la producción de cosas basadas en la naturaleza

cáncer: una enfermedad grave que puede extenderse a muchas partes del cuerpo

ingeniero: una persona que usa la ciencia para diseñar soluciones a los problemas o las necesidades

nutrientes: sustancias que las plantas, las personas y los animales necesitan para vivir y crecer

polinización: la transferencia de polen de una planta a otra

revestimiento: una capa que sirve para proteger o adornar una superficie

sequía: un período largo en el que cae muy poca lluvia

Índice

Consejos profesionales
del Smithsonian

¿Quieres trabajar en biomimetismo?

Estos son algunos consejos para empezar.

"Si te encanta la naturaleza, ¡pasa tiempo al aire libre! Estudia a los animales y las plantas para ver qué puedes aprender".
—*Cynthia Brown, directora de colecciones y servicios educativos*

"Si te gusta aprender sobre las plantas y los animales, el biomimetismo es para ti. Visita un museo, un jardín o un zoológico para aprender más sobre las plantas y los animales".
—*Gary Krupnick, biólogo especialista en conservación*